그냥 그렇게

정경삼 제3시집

청옥

시인의 말

마음 하나 담아내고자 고뇌를 하고 자나 깨나 사랑을 노래해 보지만 나에겐 언제나 외로움뿐 힘은 들어도 소를 돌보면서 흐르는 세월을 잊지 않고자 날이면 날마다 꿈 밭을 일구어 최선을 다해 좋은 시어가 나오도록 노력을 합니다.

부족하지만 마음 걸러 읊은 詩心 詩語를 아름답게 수놓아 엮어 보았습니다. 여러분의 눈에는 어떻게 비춰질지 자못 마음이 무거워 아래 詩로 갈무리 해봅니다.

부족하지만 아름다운 詩로 훌륭한 작품으로 엮어 주신 편집국장 박선옥님과 청옥문학사 사장님께도 감사드립니다. 변함없는 사랑으로 잘 부탁드리며 더 좋은 시로 보답하겠습니다.

내가 나에게 바치는 글

한 치 앞도 모르는
우리네 인생
다시 만날 사람
못 볼 사람은
또 얼마나 될까

스치는 바람이
소중한 인연처럼
아름다운 사연
멋진 추억이 아니면
또 어쩌랴

세월은 흘러가는데
고독을 즐길 줄 모르면서
그리움이 사랑이라고 외치는
등단 작가는
또 얼마나 외로울까

밤에 쓰는 편지 나의 詩는
내가 나에게 바치는
깨어있는 생각
진실의 꽃

그때그때의 생각
나의 진정한 마음입니다.

목 차

제 1 부 그냥 그렇게

제 2 부 詩 하나

제 3 부 별리

제 4 부 내일은 비

제 5 부 사랑과 우정

제 6 부 내일을 향해

제 1 부

그냥 그렇게

사랑하는 사람에게 주고 싶은 말

한 치 앞도 모르면서
천년만년 살 것 같이 사는
우리네 인생

오지 않는 내일을
걱정하기에 앞서
최선을 다하는
오늘이 되소서

오늘이 마지막인 양
멋지고 아름답게
살아 숨 쉴 수 있어
행복하지 않은가

인생은 단거리가 아닌 장거리
쉬엄쉬엄 쉬었다 가는 여유
건강도 챙겨 힘과 능력을
비축하소서
사랑하소서.

그냥 그렇게

세월은
사람을 기다리지 않아
한 세상 두 번 살 수는 없듯이

지금 이 순간을 소중히
아끼고 사랑하며
고민하는 것도 좋으리라

도전하자
성공 전에 실패가 따를지라도
이별이 따를지라도

성공 성패는 하늘에 맡기고
넘어지면
도전

칠전팔기
또
일어서면 되리라.

내 사랑 그리움은

내 사랑 그리움은
밤새워 고민하고
그리워하면서도
웃을 수 있는 건

사랑하는 마음으로
널 향한 내 마음
내 생각을
글로 엮어 낼 수
있기 때문이다

사랑하리라
네가 있기에 고민도 되지만
글을 쓸 수 있는 행운 행복은
네가 있기에 가능한
그리움 때문이리라

인생 1

오래 살고 싶으면
인생은 장거리 경주라 여기고
근심 걱정 불안 없이
매사에 감사함으로
즐겁게 살아야 하리라
108세까지 산 어느 노인의 말씀이다

즐거운 마음으로
긍정적으로 바라보며
따뜻한 사랑 화목한 집안
부모님을 신 같이 받들어
봉양하여야 하리라

천당과 지옥
행복과 불행은
한 마음속에 일어남이니.

하루를 살아도

잘도 가는 세상
봄에는 꽃이 피고
가을에는 수확을 하지만

재물이 있어도 걱정
없어도 걱정
걱정속에 살면서도

봄 가는 줄 모르고
피 끓는 젊음
늙어 가는 줄 모르고 산다

근심, 걱정
괴로움까지 다 내려놓고
계절을 보고 느끼면서
자연의 아름다움을 맛 볼 수 있다면

하루를 살아도
허덕이는 백년보다
더 낳으리라.

언제나 늘

날마다 좋은 날
언제나 늘 밝은 마음
웃는 얼굴로

주어진 시간
아끼고 사랑할 때
나의 삶, 인생은 배가 되리라

악에 물들지 않고
아름다운 사연
고운 추억 쌓아 가야지

그리고
철 따라 변하는 자연의 섭리
떨어지는 낙엽까지
사랑하리라

자비, 사랑은
부처님의 마음이고
예수님의 말씀이라면

뜻에 따라
비우고 사랑함이
마땅할 터

이 밤에는 마음 비워
별, 달을 그리워하며
잠들리라.

흔들리는 마음

무엇으로도
잡을 수가 없습니다
채울 수도 없구요

빈 가슴
언제나 늘
허전함으로 남겨져 있습니다

사랑을 하면서도
그리움이 가져다주는 고통
외로움을 뿌리칠 수가 없습니다

내가 다가가면
다가가는 만큼
멀어지는 그대

흔들리는 내 마음
잡을 수가 없습니다
잡을 수가

사이버 인연

언제나
늘
사랑을 강조하면서
찾아가는 그대 뜰 마음 밭

그러나
늘
듣고 싶은 얘기가 많은 것처럼
하고 싶은 말 다하지 못하는 아쉬움

그래도
늘
사랑한다
건강하라는 끝인사

볼 수 없어 더 그리운 것처럼
못다 한 진실은 숨겨 놓은 체
순수함을 다져가는 우리 우정
비 갠 하늘에는
어느새
흰 구름이 두둥실.

어둠 속에 빛

외롭고 힘든 세상
어렵게 살면서도
꿈이 있어 행복하지 않은가

삶은
마음대로 되지 않아
몸과 마음을 괴롭혀도

번뇌를 비워내면
기쁨과 행복은
마음속으로 찾아 들리라

성욕보다
더
뜨거운 불길 없고

화내는 것보다
더
독한 독이 없다 해도

빈 가슴
사랑으로 가득 채워
고목나무에 꽃을
어둠 속에 빛이 되게 하소서.

사랑과 행복

사랑은
오랜 기다림 끝에
맺어진 꽃이라면

행복은 자기 자신을
아끼고 사랑하는 것이요
날 찾는 널 위해
기도하는 마음

너의 마음에
나의 맘이
닫지 못한다 해도

소중한 건
널 위해
기도하며 사랑한다는 것

이 밤도 널 위해 잠을 설친다.

미안해

살면서 내 가는 길
그대로 가지만
스치고 놓치고 마는
행운은 얼마나 많을까

살면서 만나고 헤어지기를
반복하면서
잘못된 만남으로
고통받는 일은 또 얼마나 많을까

소중한 건
지 갈 길 지 가지만
인연이 다 하기까지
아끼고 사랑하기도 부족하리라

주고 또 주어도 모자랄 행복
기쁨대신 슬픔
아픔까지 주어
정말 미안해.

초심

한 사람이 한 사람을 사랑함에 있어
티 없이 맑고 순수하게 다가갈 때
꿈꾸던 행복과 기쁨은
배가 되리라

시를 짓고 외우는 마음으로
이 세상 모든 시심 시어를
더듬어 아름답게
엮어 수놓아 가야지

꽃샘추위에
바람 불고 비가와도
봄은 살금살금
우리 곁에 다가 오리라

사랑하리라
이 가슴 식는 날까지
나를 있게 한 이 세상
나를 보내준 운명, 인연까지
곱게 받아들이고 사랑해야지

나와 함께 하는 모든 것
발에 채는 돌 하나까지
아끼고 소중히 하는 마음으로
사랑하리라

그리고 쓰리라
아름다운 것 더 아름답게 표현하여
시를 좋아하는 모든 사람에게
나누어 함께 하리라.

어떻게 하면

살면서
시도 때도 없이
생각을 하고도
또다시 밀려드는 그리움

일하고 쉬기도 바쁜데
네 마음 얻고자 애쓰기는
참 힘들고 어렵다

그래도
포기할 수 없는
네 그리움

어떻게 하면
믿음직한 남자로 남을 수 있는지
그것만이라도 가르쳐 주면
이렇게 힘들어하지는 않을 텐데.

고백 1

한 사람이 한 사람을
좋아하고 사랑하는 것이
얼마나 힘들고
고통스러운지
모르는 이는 없으리라

힘이 들어도
포기할 수 없는 것은
티없이 밝고 맑은 모습
곱고 아름다운 영혼의
사람 향 인연이리라

그대를 사랑하렵니다
힘들겠지만
그대 마음을 얻을 수 있다면
허락만 하신다면
이 마음 이대로 영원히 사랑하렵니다

오랫동안
그리움에 반항했고
외로운에 목말라 했지만
이젠 보고픔에 마음 졸이는 일 없이
털어놓고 이야기 하렵니다

힘든 고통
아픔만 남는다 해도
그래도
그대라면
그대를 사랑하고 싶습니다.

별이 빛나는 밤에 1

별이 빛나는 밤에
고운님 더 그리워
들뜬 가슴으로
사랑을 꽃피워 내는 밤

꽃보다 더 진한
사람 향 채취는
참을 수 없는 기다림이요
그리움이다

꽃을 피워내는 마음으로
아끼고 소중히 할 때
빈 가슴 사랑과 행복은
진실로 넘쳐 나리라

별이 빛나는 밤에는
고운님
더 그리워
뜬 눈으로 밤을 지새운다.

가는 길

바람 따라 구름 같이
예까지
왔건만

가도 없는 청춘
쓰린 가슴
슬픔에 젖어 웃는다

젊은 청춘 어디 가고
늙은 모습뿐이라도
마음만은 언제나 그대로

가는 세월 추억뿐이라도
순간순간 최선을 다하며
아끼고 사랑하며 살리라.

오늘도

글 한 줄 쓰자고
펜을 잡으면
생각은 어느새
시심 시어 찾아 훨훨

삶, 인생을 그릴까
별, 나비 꽃을 그릴까
아니면 짝사랑
또순이 보배를 그릴까

내 가슴에 흐르는
낯익은 그리움 하나
하이얀 추억
하나

풀어헤친 가슴이 젖고
마음이 젖고
아주 멋진 시 한 편 생각하며
펜을 잡고 울고 있다.

인연

인터넷에서
댓글로 만난
우리 인연

보지 못하는
그리움이라도
정 주고 마음 주고

시도 때도 없이
생각하면
보고 싶고 그립습니다

이것도
인연이라면 인연
실망하고
돌아설지라도
말하고 싶습니다

참 좋은 그대
내 사랑
그리움 이라고.

제 2 부

詩 하나

4월에는

파랗게 피어나는
싱그러운 계절
4월의 봄 향기를
듬뿍 담아 봅니다

사랑에 취해 보세요
보이지 않는 것도 보이고
들리지 않는 것도
들리는 게 사랑입니다

갈 수 없는 것도
할 수 없는 것도
가능케 하는 게
사랑입니다

당신 향한 그리움도
사랑으로
피워내고 싶은
이내 마음

이게
사랑입니다
참 좋은 당신
당신을 사랑합니다.

여보게

아름답고 고운 눈에서
너의 인생
삶을 엿볼 수 있었고

조그마한 입에서
흘러나온 말은
살아온 삶의 지혜를
발견할 수 있었단다

사람이 사람답게
살고자 한다면
큰 욕망 욕심
비워내어

꽃보다 더 소중한
사람 향 피워 내면서
사람답게 살아가시게나.

봄에는

봄에는
고운나무에도
꽃이 핀다 했듯이

산다는 것은
요행
기적을 바라기보다는

누군가와 함께
사랑을 만들어
가꾸어 가는 것

사랑하라
온 누리에 기쁨 되기를
따뜻한 손길로
어루만지면서.

봄의 노래

아지랑이 너울너울
춤을 추는 계절
봄이라 생각하니
뛰는 가슴까지
콩닥콩닥

이팔청춘 아니건만
설레는 이내 마음
어쩌란 말인가

가는 청춘
오는 봄에도
피어나는 그리움

허기진 마음에 고뇌하는 영혼
외로움이 없어질 때까지
사랑하리라

발에 차이는
돌 하나
까지

가슴만의 내면

잘난 얼굴
아름다운 옷으로
감쌌다고 자랑 마라

벗겨 놓으면
그게 그건데

내면의 세계
마음이 아름답지 않으면
앙꼬 없는 찐빵
무슨 맛으로 먹으랴

그리도 사람 향 나고
마음 좋은 사람이 더 많아
웃고 웃으며 즐겁게 사는 우리들

사랑은

사랑은
서로 다른 두 사람이
서로 같은 방향으로
걸어가면서 손잡고
행복을 일구어 내는 것

사랑은
그리움 끝에
맺어진 꽃으로
연습도 없이
언제나 시작으로
피고 진다

날이 새고
바쁠 때면
잊고 살다가
여유만 있으면
느껴지는 그리움

사랑하라
그러면
건강과 행복이
그대를 찾아
그대와 함께하리라.

詩 하나

어두운 밤
별이 빛나고
바람이 불 때면
외로운 이내 가슴에도
괜히
떠오르지 않는
글 하나 쓰자고
無에서 有를 찾아
허둥댄다

작은 소망 하나
마음에 속 드는 글
시 한 편을 쓰고 싶은 마음
이 밤이 새기 전에
이루게 하소서

다시는
보지도 만날 수도 없는 너

이 밤
조금 더 참는다면
나는 고독을 불러
슬픔도 아름답게
수놓아 엮어 보리라.

그리워

내 널 사랑함에 있어
숨긴 것 하나 없이
맑고 깨끗하다는 걸
하늘에 두고 맹세하리다

사랑합니다
그리고
좋아합니다

하늘만큼 땅만큼
아주 많이

밤새도록 당신 그리움에
수놓아 본 글입니다.

널 좋아하는 이유

난 널 사랑을 하되
아름다운 모습
너의 외면보다

사람 향 좋은
너의 내면을
더 좋아한단다

예쁘게
포장한 네 옷보다
아름다운 네 몸이 좋고

몸보다 더 좋은
사람 향 물씬 나는
너의 심성, 마음이 좋단다.

오늘도 그냥은 아니 됩니다

오늘 하루도
그냥은
아니 됩니다

삶이 멈출 수 없는
전진 발돋움이라면
하루 한 시간 한 가지라도
헛되이 할 수 없습니다

발길 닿는 대로
그냥 가지만
생각과 느낌은 다릅니다

빗물이 바위를 뚫듯
조그마한 수고, 생각이
세상을 바꿀 수 있답니다

건전한 사고
올바른 마음으로
순간순간 최선을 다하여
즐겁고 행복하게 사르소서.

선물

가슴 뛰는 그리움은
당신이 나에게 준
첫 선물입니다

너무나 아름답고
고운 미소의 얼굴은
내 삶의 기쁨이고
행복입니다

당신을 위해서라면
언제나 따뜻한 사람
빛과 소금 사랑의
열매가 되고 싶습니다

내 인생 날 위해
하나 한 것 없지만
이젠 날 위해 살고자 합니다
놓치고 싶지 않은 당신을 위해.

별이 빛나는 밤에 2

별이빛나는 밤에는
바람만 불어도
눈물이 날 것만 같아

괜히 혼자라는 슬픔이
서럽지 않게
괴롭더라도 웃는다

어차피 혼자 왔다가
혼자 갈 인생이라면
여유와 행복마저
나의 아픔

그래서 마음마저
비우고 살라 했나 보다
채워도 만족할 수 없는
행복이라면

그래 비우고 살리라
때 묻은 욕망, 욕심
씻어 없어질 때까지
밤새도록 기도 하리라

가슴에 눈이 내린다
슬픔 위에도
그리움 위에도
눈, 비가 내린다

별이 빛나는 밤에는.

산다는 것은

너와 나 우리 모두
집착에 벗어나
탐욕을 버릴 때
꿈꾸던 인생
아름다운 인생이리라

살아 있는 모든 생명은
전생의 업이요
이생의 인연이니
사랑하며 아끼며
소중히 해야 할 터

산다는 것은
누구와 함께
마음 맞추어
사랑을 꽃피워
보다 나은 생활을 가꾸어 가는 것

깊은 밤
잠 깨어 일어나 보니
세상 모두 깜깜
내 얘기 들어줄 사람
하나 없어 쓸쓸하다.

사랑해

우린
인연으로 만나고 헤어지지만
네 곁에는 늘
따뜻한 사랑
행복이 가득했으면 좋겠다

네가 있기에
행복을 누릴 수 있듯
다투어 욕심부리지 말고
언제나 좋은 일만 가득
행복했으면 좋겠다

사랑해.

허락만 하신다면

그대를 사랑합니다
쑥스럽지만
예쁜 짓만 골라하면서
그대를 사랑하려 합니다

나의 뜻 받아주고
허락만 하신다면
멀리서라도 바라볼 수 있다면
그대를 사랑하려 합니다

외로운 인생
그대와 함께라면
눈물이 마를 날이 없더라도
언제까지나 늘
그대를 사랑하려 합니다.

하하 호호

믿음을 근본으로
부처님 같이 행할 때
일체 난관
일체 유혹에 벗어나
참된 행복
열반으로 가리라

웃는 얼굴에
침 뱉으랴

밤이 깊으면 새벽이
가까워지는 것처럼
비 온 뒤의 땅은
더욱더 굳어지는 법
생각이 바뀌면 얼굴이 바뀌고
얼굴이 바뀌면 사주팔자
운명이 바뀌리라

밝은 마음 웃는 얼굴로
웃자 싱글벙글
하하 호호.

연가

날이 풀려
벌 나비 꽃을 찾는 것도
아름답고 향기로운
임이란 꽃이 있기 때문

벌 나비 꽃을 찾듯
나도 꽃을 찾아
고백하고 예쁘게 하면
꿀을 주며 반길까

춤을 추고 꽃을 따는 모습은
아름다운 자연의 이치
정겨운 그리움
치솟는 보고픔이여.

허전한 마음

맑은 영혼
허전한 마음
시간 죽여 그대를 기다린다

초저녁부터 내리는 비는
나의 그리움이요 슬픔이다

들뜬 가슴 흔들리는 마음은
詩를 품고 지우면서
그리움으로 엮어
간직하리라.

고백 2

삶이 어렵고 버거울 때
꿈과 희망으로
느껴지는 사람 하나

생각만 해도 가슴 뛰는
기쁨과 즐거움을
안고 다가온 사람

힘들 때
참고 인내할 수 있는
기회를 안겨줄 사람

사랑하리라
장미꽃 한 아름 안고
고백 다짐하리라

눈을 감는 날까지
이 마음 이대로
영원히 사랑할 것을.

슬픈 꿈

영하의 날씨
오르는 물가에
여유 없어 슬픈데

날이 갈수록
쓸 돈은 왜 이렇게 많아
마음 괴롭게 할까

잘 나가는 친구
어깨 힘주고 찾을 때
기죽어 피하는 이내 신세

즐길 사이 없이
일한 죄밖에 없는 몸이건만
고치고 교환할 견적은
또 왜 이렇게 많을까

한 살 한 살 더 먹는 슬픔에
늘어나는
주름

터진 복
돈벼락이라도 맞아 봤으면
터진 복 돈 속에 파묻혀 살게.

옛날 옛적에는

풀 망태 어깨에 메고
어깨에 메고 다니던
책 보따리는
내 어릴 적 추억의 보따리

지금은 호호백발
영감탕구 할망탕구로
경로당으로 밀려난
잊혀 가는 인생이지만

한때는 이 나라 주역으로
독일 광부 간호사로 떠나
고국으로 돈을 부쳐주던
깨어 있는 애국자
피 끓는 젊은이였지

월남 파병 해외 건설
몸 던져 돈을 만들어
공장 짓고 길 넓혀
잘살아 보세 새마을 운동으로
다져진 대한민국이 아니던가

더듬어
되짚어 보면
호랑이 담배 피우던 얘기
전설 따라 삼천리처럼
생각될지 모르겠지만

풀뿌리 캐 먹고
물 마셔 배를 채우면서도
풀피리 부는 낭만도
보리밭 물레방아로 전전하면서
꽃피워 온 사랑

지금도 생각해 보면
없어도 배부른 사연
아름다운 추억
떠나간 청춘이지만
곱고 아름답지 않은가?

제 3 부

별리

석양

봄의 문턱에
지는 석양
꺼져가는 한송이 꽃

텅 빈 가슴에 꿈틀대는
욕망 욕심의 찌꺼기가
없어 질 때까지
책속에 있는
좋은글 좋은 말씀
더듬어 그리워 하리라

아침 햇살 피어 날 때까지
두 손 모아 기도하리라.

나무 관세음보살.

그리움

생각하면 보고 싶은
맑고 밝은 영혼
고뇌하는 눈빛

목을 껴안고 볼을 비비며
함께하고 싶은 그대는
지금 어디에

보고 싶을 때 보지 못하고
만나고 싶을 때
만나지 못하는 그대

그대는 참 많아도
날
아프게 합니다

눈만 감으면 떠오르는
아름다운 모습
눈, 귀, 코, 입

지금은 어디서 무얼 하기에
날 이토록
아프게 합니까.

행복

우리가 찾는 행복
행복은 먼데 있는 것도
아닙니다

행복을 원하신다면
지금 이 순간을
아끼고 사랑하세요

행복은 언제나 늘
그대 가슴 속
마음속에 있답니다.

첫 단추

보면 볼수록
아름답고 귀여운
정가는 사람 하나 있습니다

헤어지는 아픔없이
사랑만 하고 싶은
내 마지막 그리움

시도 때도 없이
생각하면 그리운 사람
보고 싶어도 볼 수 없어 괴롭다

인연이라 생각하고
임 그리은 이내 마음
사랑만 가득 넘쳐나게 하소서.

인생살이

삶이 힘들다고
괴로워 하지 마라
힘껏 최선을 다 하였다면
그것은 진실로 통할 터

인생살이
마음되로 되지 않는다 해도
지혜롭게 열심히 살다 보면
실타래 매듭이 풀리듯
하는 일마다 순조롭게
잘 될 때도 있으리라

뒤돌아보면
슬픈 사연
잊고 싶은 추억도
아름다운 기억으로 남는 것

가끔가다가 부딪치는 갈등, 괴로움도
사랑으로 여기고 슬기롭게 헤쳐가면
인생살이 그래도 행복하였다
말할 수 있으리라.

올해는

갑오년
청마처럼
힘차게 뛸 동안

세월은
그냥 그대로 아니면
뒤로 가면 얼마나 좋을까

새로 첫출발
꿈과 희망으로 시작해 놓고
아쉬움으로 끝내는 것은 안 되지

사랑하리라
내가 누려보지 못한 행복
찾아 즐기며 살리라.

고백 3

그립다 생각을 하고
사랑한다 말을 하면
한 사람의 마음이
진실로 찾아들까

느낄 수는 없지만
이내 마음에는
언제나 한 사람
티 없이 맑고 밝은
그대 모습이 있다

틀어놓지 못한 이야기
꿈틀대는 마음
이젠 널
사랑한다고 고백하리라

축복 받지 못하는 인연
거절에 돌아 앉아
혼자 울고 있더라도

속 시원히 틀어 놓고
고백하리라
널 사랑한다고.

우수

우수 경칩 지나면
얼어 죽는다는 놈
하나 없다는데

어쩌자고
이내 몸은
떨고만 있을까

폭설에
온다는 연락도 없이
찾아든 우수

너의 따뜻한 입술
보드라운 입술에
난 차가운 입술을 포갠다.

보배

생각하면 그리움입니다
나누어 갖고 싶지 않은 보배
혼자만 갖고 싶습니다

당신을
생각할 때마다
나의 희망이고
기쁨입니다

삶에 지쳐 허덕일 때
갈증을 적셔주는
생명수입니다

주 예수님을 믿고
글쓰기를 좋아한다는
늘 보배
당신

당신이 그리울 때마다
나는 한 편의 시를 써놓고
당신을 찾아 헤맵니다
말로 못한 詩라도 주게.

이별

이별은 생각지도
느끼지도 못하면서도
사랑을 하였답니다

마음 저미는 그리움
사무치는 보고픔을 알고도
잡지를 못하는 안타까움

이별이 힘들다 해도
떠나가는 발걸음
남아 있는 슬픔만 할까

비워야 채울 수 있는 진리
떠나고 만나는 가운데
성장하는 우리네 마음

울며 헤어지더라도
다시 또
하고 싶은 사랑.

이젠 널

생각만 해도
좋은 사람
바라만 보아도
좋은 사람이었습니다

가슴 뛰는 행복
두근대는 마음
이유 없이 마냥
좋은 사람이었습니다

오늘도 기분 좋게
좋아할 수 있는 건
생각만 해도 좋은
그대이기 때문입니다

티 없이 맑고
깨끗한
네 모습
네 얼굴

생각하면
언제나 보이는
까만 눈동자의 네 모습
이젠 널 사랑하고 싶다.

이상화

소치 올림픽은
전 세계 젊은이에게
꿈과 희망을 안겨주는
축제 한 마당

이상화
한 마리 청마처럼
500m 얼음 위를 달려
금을 캔 대한의 딸

500m 얼음 위에서는
이 세상 어디에도
너처럼 잘 달리는
아름답고 예쁜 처녀는 없다

성화야
네가 있어 너의 조국
대한민국 모든 국민이
행복해 하듯

너도
청마처럼
힘차게 달려라
네겐 젊음이 있다

저 푸른 초원을
보장된 꿈과
희망, 소신을 안고
힘껏 달려라.

아쉬운 인연

참 좋은 그대
뒤늦게 만났기에
생각만 해도 행복하고
하루하루가 너무 빨리 갑니다

좀 더 일찍 만날 수 있었다면
삶이 한결 풍요롭고
여유 있는 행복으로
슬픈 추억 기억은 없었을 텐데

생각만 해도 너무나 그립습니다
그리움은 무지개 빛깔
막 깨어난 모습
환한 미소의 당신이
너무나 그립습니다

언제나 함께할 수 없는 현실이
너무나 마음 아프게 합니다
보고 싶을 때 괴롭고
그리울 때 슬픕니다

뒤늦게 만난 우리 인연
진작 못 만났다 애태우는 일 없이
지금 이 행복, 이 행운
영원히 계속 되었으면.

황혼에

음식은 씹으면 씹을수록
참맛
진미를 느낄 수 있듯

내 인생 삶도
어느 정도
살 만큼 살아보니

세상은 곱고
아름답다는 걸
이제야 좀 알 것 같다

마음 비워 맑은 사람으로
사람 향 풍기며
사랑하며 살리라.

인생 2

한 사람이 한 사람을
인연이라 생각하고

검은 머리 파뿌리 되도록
함께한 지가 엊그제 같은데

어느덧 저녁노을
뜨는 달까지 쓸쓸하누나.

살다 보면

살다 보면
잊은 듯 잊고 사는 사람이
참 많습니다

생각해 보면
아직도 주워 담아야 할
이야기들이 참 많은데

애써 잊은 것도
이별, 등 돌린 것도 아닌데
희미하게 멀어져 가는 뒷모습

모나지 않게
착하고 순진함 때문에
더 보태지 못한 정

특별한 기억 없이
아련하게 떠오르다
사라집니다

산다는 것은
서로의 가슴에
사랑을 만들어 가는 것

산다는 것은
떠나간 빈자리에
사랑을 채워 넣은 것.

즐거운 설 명절 되세요

이렇게 좋은 세상
아름다운 세상에
너와 나 우리 함께
살아갈 수 있어
얼마나 좋습니다

따뜻한 말 한마디
덕담 하나 이래도
주고 받을 수 있어
얼마나 행복합니까

살기가 힘들다고
너무 불평 불만
짜증을 내기 마세요

비우면 채워 진다는 진리
있는 그대로가
행복 축복이라 여기고
아끼고 소중히 하는
그 마음이 아름다운 마음
행복이라 여기소서

설 명절에
조상을 생각하고
웃어른을 섬김에 있어
돈보다는 정성이 아닐까
생각을 해 봅니다

근본이 흔들리는
요즘 세상
위기 속에 안정
행복을 생각해 봅니다.

인연을 소중히

사람이 사람을 만나
잘살고 못사는 게
복이라 하면
타고난 운명도 있으리라

보잘 것 없는 이 사람을
믿고 따르는 당신이 있어
잘 나가는 행복
행운아였습니다

꿈과 희망을 접고 사는
당신이라는 사람이
참 미안하고 고맙습니다

우리 인연
하늘이 점지 해 주신
천생연분 이라면
그 인연 다하는 날까지
최선을 다하리라

당신을 위하여 사랑함에
내 몸 돌보지 못하더라도
게을리 하는 일 없으리라

다시 한 번 더 다짐 하건데
부족하지만 당신을 위하는 일에는
언제나 최선을 다하리라.

별리

우리 인연
여긴 줄 알았으면
헤어지는 연습이라도
해 둘 걸

사랑할 때에는
사랑만 하면
되는 줄 알았는데

이별 같은 건
생각지도 않았는데

어쩌다가
손 흔들고
돌아서야 하는지

참
어렵고
힘이 든다

용서를 빌고
이해를 한다면
얼마나 좋을까마는

성격이 안 맞고
개성이 틀리기에
벌어지는 갈등

푸른 하늘에 뜬구름같이
모였다 흩어져 사라지는
우리네 인연.

제 4 부

내일은 비

후회 없는 삶

푸른 하늘에
뜬구름 같은 인생
연말에 해가 바뀔 때면
괜히 나이만 먹는 것 같아
외롭고 슬프다

꿈 많던 인생
한 사람을 만나
믿고 따르면서 걸어왔으니
노을 진 들녘엔 억새풀 갈대같이
찬바람에 흔들린다

힘든 세상
삶이 곱지는 않았지만
기반 잡고 사랑했기에
삶은 그래도
행복했으며 후회는 없다

남은 세월
노을빛 사랑으로
축복받은 행복에
아름다운 사연 멋진 추억으로
죽는 날까지 행복했으면 좋겠다.

친구야

여보게 친구
이네 뜰에 왔으면
그냥 가면 안 되지

그래도 이왕 온 김에
못쓴 글이라도 끝까지 한 번
읽고 가면 안 될까

오고 가는 정이 있듯
사랑 담은 글 하나
댓글은 어떠리

속삭이는 시심 시어
비틀 되는 낙서
못 미쳐 애가 탄다오.

긴긴 밤

춥고 외로운 밤이
왜 이렇게 길고 길까

동지 긴긴밤
고독을 불러
詩를 지어봐도

찢어진 낙서
늘어나는 고독

마음가는 글 한 줄
생각나지 않는 시심시어.

아주 멋진 시

그대를
사랑하나 봐요
시도 때도 없이
너무나 그립습니다

애가 타도록
그리워하는 마음
어떻게 해야 할까요

안타깝지만
외로워 힘이 들어도
영원히 사랑 할 수 있다면

멀리서라도
바라 볼 수 있다면
포기하는 일 없이 사랑 하렵니다

마음을 불태워
사랑으로 행복 해 질 수
없으면 또 어떠리

초라한 그리움도
예쁘게 수놓아보니
아주 멋진 시가 되는 것을.

그대

내 삶 행복은
언제나 그대로부터
가슴 뛰는 그리움도
그대로부터 시작됩니다

머물러도 좋은 세상
그리움으로 들어와
생각은 생각 일 뿐
날 아프게 합니다

사랑한다 말하면
만나줄까
그립다 말하면
받아 줄까

내 사랑 그대
너무 좋은 그대
다가가면 멀어질까
그리움으로 살아요.

가끔은

더불어 살면서도
가끔은 혼자가
편할 때도 있습니다

많은 일과 생각들에서 벗어나
멀리 떠나고 싶은
그런 날도 있습니다

가끔은 혼자 외롭지 않고
행복할 때도 있습니다
고독에 붉어진 노을같이.

그리움

별이 빛나는 밤에
하늘을 보면
언제나 네가

티 없이 맑고
깨끗한 네 얼굴이
너무나 보고 싶다

보고 싶은 네 눈빛은
반짝반짝
너무나 그리웁다

그리움은
무지개 색깔
아름답기 그지없구나.

가고 오는 년의 희비

한 년 두 년 보내다 보니
어느덧 석양
늘어나는 것은 나이요
축나는 것은 인생 삶이더라

시근도 없이 어릴 적에는
이년 저년 가리지 않고
잘도 먹다가
어느새 황혼에 저녁노을

이제는 슬그머니 가는 년이
아쉽고 밉기도 하지만
어쩌랴
지 몫 다 하면서 가는 것을

그래도 오는 년이 있어
기대도 되련만
있는 년 밀어내고
오는 년이 약속한 건 왜일까

하지만 새해는
후회하지 않도록
사람답게 사람 향 풍기는
명품이 되도록 최선을 다하리라.

그대

시도 때도 없이 생각나는 그대
그대는 느끼고 있나요
참 많이 생각하고 있는데

왜
무엇 때문인지
잘 몰라요

굳이 말하라면
마냥 좋을 뿐
사랑에 이유가 있어야 하나요

머리끝에서 발끝까지
나무랄 것 없이 다 좋아요
풍기는 향 향까지

사랑합니다
그리고
좋아합니다

미치지 못하는 부족함도
때로는 측은지심
예쁘게 보면 귀엽네요

그리운 김에 쓰는 편지
사랑합니다.

사랑받는 날까지

내가 지금은
모자라고 부족하지만

잘난 사람
완벽한
사람이 되도록

언제나
열심히 최선을 다 하리라

세상 이치를 깨닫고도
나서지 아니하고
겸손으로 사랑받는 날까지

인생 3

가는 세월
떠나는 임은
빨리빨리
어써 오라고
야단입니다

이룬것도 없이
할 일은 태산 같은데
인생살이
뜬구름같이
너무 허무합니다.

가을은 넉넉하고
풍족해서 좋다지만
손자의 아버지
아버지의 아버지처럼
받은 것도 없이
줄 것도 없는
한 세상.

내 삶 최고는 언제나 지금

두 번 다시 오지 않을
소중하고 귀중한
이 시간

과거에 머물러
현실을 잊고
불안한 미래 때문에
놓치고 마는
지금 이 순간들

알고 행하지 않는 것보다
즐기고 사랑하는 게 좋고
사랑보다 더 좋은 건
미치는 것이라 했습니다

진흙 속에 뒹굴어도
이생이라 했듯이
멋지게 아름답게
함 살아봐요

그냥은 아니 됩니다

느끼고 즐기면서
감사할 줄 알고
꿈을 향해 미치도록
사랑하며 살 때

떠나간 청춘
불안한 미래에 벗어나
참사랑 행복은
찾아 들리라.

댓글

하루가 지나면
또다른 하루가 오지만
언제나 새로운 하루이지요

날마다 찾게 되는
소중한 우정
네모 속의 사랑은
그대가 남기고 간
흔적이 아닌가 생각해 봅니다

삶이
어렵고 힘이 들어도
나의 행복 즐거움은
그대가 두고 간 아름다운 말
좋은 것들로 채워진
간추린 낱말 이랍니다

언제나 항상
건강을 염려하며
행복을 빌어주는 그대가
진정한 나의 우정
사랑입니다.

고백 4

삶이 어렵고 버거울 때
꿈과 희망으로
느껴지는 사람 하나

생각만 해도 가슴 뛰는
기쁨과 즐거움을
안고 다가온 사람

힘들 때
참고 인내할 수 있는
기회를 안겨 준 사람

사랑하리라
장미꽃 한 아름 안고
고백 다짐 하리라

눈늘 감는 날까지
이 마음 이대로
영원히 사랑할 것을.

가을

가는 계절 가을은
왜 이렇게
빨리 갈까

왔으면 온 김에
좀 더 넉넉하게
머물러도 좋으련만

높은 하늘에 흰 구름
산에 단풍잎
제철 맞아 곱기만 한 것같이

아름다운 수확의 계절에
우리네 마음도 여물어
넉넉하고 폼나게 살게 하소서.

그리워

생각하면 그립고
그리우면 보고 싶은 게
사랑인가 봅니다

한사람이 한 사람을
마음에 담아 두고
그 사람의 생각 속에
머물 수 있는 건 행복이리라

별이 빛나는 밤에
잠들은 세상에 아름답듯
제 마음을 읽고 있을
당신이 아름답습니다

돈에 맺어진 사랑은
돈 떨어지면 떠나고
백사장에 새긴 사랑은
파도치고 가면 없어지지만

내 마음에 머문 그대만은
언제나 나와 함께
함께 할 것입니다.

너

꽃이 아름답다 한들
너만 할까
꽃이 향기롭다 한들
너만 할까

각각 지 모습 지향대로
생긴대로 뽐내고 있으나
마음마저 예쁘고 고운
너만 할까

생각따라
메뉴도 다양하게
분위기 따라
아름답게 피어나는
분위기 맨 너라는 사람

베풀고 나누면서
사랑 향 풍기면서
언제나 지금처럼
아름답게 살아요.

언제나

나 가는 길 힘들다 해도
나의 몫 다하면서
즐겁게 살다 가리라

때로는비, 바람 불어
삶이 만만치 않음을
거울 삼아

슬기롭게 헤쳐가는
지혜를 터득
사람 향 풍기며
사람답게 살다 가리라.

지금

인생
슬기롭게
즐겁게 살고자 한다면
최고의 순간은 언제나 지금
이 순간을 놓치지말라

두 번 다시 오지 않을
지금 이 순간
좋은 일이나 궂은일도
부대껴 울고 웃으면서
나의 몫 다 할 때

후회 없는 인생
아름다운 삶
후회 미련도 없으리라

내 삶
끝나는 날까지
지금 이 순간
이대로 이게 하소서.

삶

사람이 살아가면서
두 마음 하나 되어
믿음으로 느껴질 때
참사랑 진실로
행복해 하리라

사랑하는 사람
그리운 사람아
떠날 때 슬프고
사랑할 때 괴로워도

주어진 길
인연 따라
언제나 최선
원 없이 살다가요

황혼에
저녁노을이
서럽게 느껴지걸랑
젊어 못 누린 행복
늙어가는 아쉬움이라 생각하면서.

제 5 부

사랑과 우정

반딧불

꿈에 놀라
일어나 펜을 잡았습니다

하늘에는 별과 달
구름 속에 숨어 숨바꼭질
귀뚜라미까지 울어
밤의 환상곡 멋지고

탐나는 명시를 노리면서
머뭇거릴 때
창밖에 반딧불 춤을 추며

"네 삶 얼마나 남았다고
잠만 자느냐"

"그렇구나
내가 왜 그걸 몰랐을까"

"역사는 밤에 이루어진다 했듯이
낮에 없는 아름다움은 밤에 있단다"

오~ 예
그렇구나 반딧불
사랑해

어느날의 일기

앞집 똥개는
나만 보면 좋다고
꼬리를 흔들건만

뒷집 순이 엄마는
날 보고도
어찌 말이 없을꼬

날 싫어하는 눈치는
아닌 것 같은데
그렇다면 날

아니야
앞뒷집에
그럴 수는 없지

우리는 이웃사촌
사랑도 미움도 내려놓고
바람처럼 가볍게
그냥 그렇게 살으리라.

어느새

꽃피는 봄이 오면
예쁜 옷 갈아입고
마음 맞는 이와 꽃구경
한 번 가자 마음먹었는데

어느새 산과 들에는
푸른 수목이 뒤엉켜
젊음을 노래하고
사랑을 속삭이며
윙크하고 손짓하는 계절

올해만은

하던 일 나 몰라라 하고
나도 남들처럼
바다가 아니면
개울에라도 가서

텅 빈 가슴
외로움과 그리움이
없어질 때까지 아름다운 추억
그리움이라도 담아 와야지

왜
나만은 언제나
가파른 고갯길
힘들게만 할까

주고 싶은 마음
받고 싶은 사랑
넘쳐나면 무엇 하나
마음 같지 않은 현실

아니면 아니어도
어쩔 수 없는 삶
그래도 다행인 것은
졸필이라도 읽고 가면서
마음 하나 두고 가는
친구 네가 있어 좋다.

밤

밤은 꿈을 꿀 수도
꿈을 이룰 수도 있는
역사의 한 단면

쓰리라
아름다운 글
아름다운 시.

나는

잘된 글 하나
진실위에
꽃 피우고 싶다

힘든 고독 속에
피어난
꽃

세상은
얼마나 아름다운가
삶이 존귀하듯

어렵고 힘들면
물러선 뒤에 나아가고
무관심 가운데
사랑을 찾으리라.

칭구야

칭구야
사랑은 애원해서
얻어지는 것도 아니고
돈을 주고 살 수도 없다는 사랑
선물로 주고받을 수도
길거리에 주울 수도 없겠지

그래도
생각하면
그리워지는 그대

이게
사랑 아니면
그리움인가 봐

사랑받는 것보다
마음 주는 게
더 아름답다지만
사랑받지 못하는 슬픔도
더 큰 괴로움

그리도 칭구야
네 마음 얻지 못하고
사랑받지 못해도
내 마음 변하지 않고
널 사랑하며 살련다

칭구야
네모 속의 그리움
댓글 속의 사랑이
소중한 건
알겠지

오고 가는 정
따뜻한 흔적
친구야 사랑해.

인생 4

사는 삶이 묘해서
좋은 인연으로 만나면
기분이 좋고 행복한데
주는 것 없이 미운 이도 있어
기분이 상할 때도 있어 괴롭다

사는 삶이 묘해서
크고 작은 나무들이
한데 어울려 숲을 이루듯
더불어사는 인생 갈등 없이
함께하지 못함을 밤새워 후회합니다

인생살이
무엇이 중요하고
무엇이 필요할까
행복을 좇다가 불행으로 빠지고
대박을 노리다가 쪽박 차고
한 방 한 방 하다가 패가망신
거지 노숙자 되는 것이
자연의 순리라면

언제나 늘
최선을 다해 살아가는 것이
진정한 삶이 행복일 터

그저
모나지 않게
잘난 체, 있는 체하지 않고 사는 삶이
삶의 근본 행복이 아닐까 생각을 해 봅니다

별이 빛나는 밤에
지는 날을 그려보니
후회되고 아쉬워지는 밤
그래도 지난날이 그리워
뜬눈으로 밤새워
옛 추억에 젖어봅니다.

삶 2

지나온 길
알려
하지 말고

꿈도
희망도
묻지를 마라

삶이
다 그렇고
그런 것

인생살이
바람 따라
구름같이

오늘도
낯선 거리
낯선 바람.

비가 오면

비가 오면
들뜬 가슴으로
고운 임 기다릴 때

밤새도록 오는 비는
견딜 수 없는
내 그리움이고 눈물이다

사랑은 밤새도록
외로움도 기다림도
배우고 느끼게 하며

고목나무에 꽃을
피워내는 시심
시어

꽃보다
더
아름답다.

사랑해

사랑해
너를 생각하는
나의 감정

사랑해
너를 바라보는
내 느낌

생각하면 그립고
그리우면 보고 싶은
이내 마음

이제는
멈출 수 없는 그리움
이게 사랑인가 봐

사랑해.

뭐하노

뭐하노
그리워
불러보는 말

뭐하노
보고 싶어
불러보는 마음

가끔은 이렇게
문득문득 떠오르는
네 모습

오늘은 생각난 김에
잊지 않고자
내 사랑 그리움이라 적어본다.

비가 오면 외롭다

비를 기다리는 마음에
그리움은 왜
우산도 없는데

길을 걸어도
잠을 자도
혼자는 외로워 싫다

외로움은
견딜 수 없는
고독을 느끼게 하며
행복의 노예도 된다

사랑은 행복을 위한
기쁨과 슬픔까지도
보약처럼 쓴 약

비가오면
힘든 외로움도
먼 훗날의 서정시.

인생 5

길지도 않는 인생
이제 조금 알만하니
어느새 저녁노을 석양

삶의 기쁨과 행복이 뭔지
느끼고 즐길 사이도 없이
여기까지 왔습니다

후회없이 살다 가고 싶은데
마음같지 않은 인생
어떻게 해야 하나요

눈을 감는 날
미련없이 후회없이
갈 수 있다면 얼마나 좋으리오

해서 나는 날마다
후회 하지 않도록
많이 보고, 듣고, 생각하며
글로 읊어 사랑하는데
인색하지 않으리라.

내일은 비

봄인 줄 알았는데
어느새 여름
내일은 또 비가 온대요

봄이면 어떻고
여름이면 어떠랴
비가 오면 어떻고
눈이 오면 어떠하랴

비가 오면 오는 데로
눈이 오면 오는 데로
마음 비우고 받아 들이면 될 것을

마음 비워 훨훨
바람따라 구름같이
발길 닿는대로 뚜벅 뚜벅…

그리움

생각하고 그리워하는
지금 이 마음을
난, 사랑이라 생각하건만

넌, 무정 하게도
눈길 한 번 주지 않고
높은 하늘 먼 산만 보고 있구나

차가운 바람 녹지 않는 마음
목을 껴안고 어루만지고
부비고 싶은 애틋한 마음

소중한 건
오늘도 너를 위해
밤새워 뜬 눈으로
그리움을 수놓아 읊어 보노라.

사랑은

그리움도 보고픔도
한 뿌리
인연으로 피는 꽃

사랑은
그리운 사람의
가슴에 묻혀

씨 내리고
뿌리 내려
꽃을 피우는 것

눈비가 와도
흔들리는 일 없이
믿음과 사랑으로 웃고 가리라

사랑은
떠나야 할 때 슬프고
사랑 할 때 괴로워도

한 송이 꽃을 피우기 위하여
생각하며 그리워하는 마음
눈을 감는 낡까지
이 마음 변하지 않게 하소서.

사랑

눈을 감으면
떠오르는
그리운 얼굴

생각하면
보고 싶은
그리운 모습

힘들 땐 손 내밀고
슬플 땐 함께 울어주는
가슴 따뜻한 사랑입니다

나, 비록 가진 게 없어
무엇하나
해 줄 수 없지만

사랑만큼은
어느 누구 한테도
뒤질 수 없는 그대입니다.

추억

힘들고 어려워도
포기할 수 없는
순간들

지나고 보면 모두가
잊고 싶지 않은
추억.

사랑과 행복

베풀고 나누면
나눌수록
모여드는 이치를

내
왜 진작
몰랐을꼬.

마음

세상에서 가장 무섭고
아름다운 게 하나 있으니
그것은 우리들 마음

욕망, 욕심, 어리석음에 빠져
근심, 걱정, 망상에 젖어
속이고 죽이고 빼앗는 악행이
마음으로 비롯되는 것을

그래도
사람의 마음은 원래
티 없이 맑고 착해
욕심과 성냄을 버리고
어리석음에서 벗어나면 본래 그 모습

늘
마음을 잘 다스려 수양할 때
심즉시불心卽是佛 마음이 곧 부처요
일에유심조一體唯心造
모든 것은 마음이 지어낸다고 하니

마음 하나 잘 먹으면
움막도 극락이요
마음 하나 잘 못 먹으면
구중궁궐도 지옥과 다름없나니

언제나 늘
마음 닦아
아름답고 깨끗하게
살다가요.

제 6 부

내일을 향해

나도

세상에 나와
사랑도 받아보고
열심히 공부도 했고
일도 많이 했는데
이젠 숨 쉴까 합니다

마을 어귀에 있는
느티나무같이
더위에 지쳐
목말라 하는 사람에게
그늘이 되어 줄까합니다

삶이 버거워
힘들어하는 사람
마음아파 하는 이에게
신념으로 다독여주는
희망의 메시지 시인이 될까 합니다

팔팔 구구의 시대
저녁노을 석양이
더 고와 보이는 것처럼
꿈과 희망 즐거움을 주는 글
아름다운 시를 쓸까 합니다.

사랑합니다.

세월

어제 그제도 가고
또 하루 오늘도 가는구나
누구 하나 반기는 이 없건만
잘도 가는 세상

기반 잡고
자식들 커 가는 모습에
보람으로 알고
앞만 보고 뛰어 왔는데

어느새
저녁노을 석양이
아름답게
붉은 꽃을 피우고

손주 손녀가
재롱을 부려도
모르는 척
잘만 가는 세월

못다 한 일
하고 싶은 일은
태산 같이 많은데

세월은 가고
시간은 없는데
이 일을 어떻게 하고
어떻게 해야 합니까?

날마다

인생은 짧아도
세월은 멈추어
기다려 주지 않는데

천년만년 살 것 같이
뭉개고 앉은
천하태평은 안 되리라

지난날에 얽매여
오지 않는 내일을 겁내지 말고
오늘을 허비하지도 말아요

지나고 보면 모두가
아름다운 사연, 멋진 추억
희망을 품어 보람있게
살다 가요.

봄

잠자는 영혼
눈 뜨고 일어나면
봄인 줄 알았는데

청개구리
꽃샘추위 찬바람에
이불 속으로 까꿍

옷깃 여미고
무게를 잡아 보지만
떨리는 꿈 차가운 마음

그립다 당신
보고 싶은
봄.

생각 하나

꿈은
노력, 행운이 따르지 않으면
이룰 수 없듯이

참고 견디면
뿌린 대로
거두나니

생각이 고와야
모습까지 곱고
아름다운 것처럼

마음 가다듬어
뜻을 품어
이루소서.

오늘도

임은 먼 곳에 있어
더욱 더 그립고
봄은 추위에 떨어 봤기에
기다려지는 법

힘든 나날
아웅다웅 해도
지나고 보면 용서되고
이해 할 수 있는 것

때 묻은 정도
그립다고 읊어보니
마음 절이는
시가 되는 것처럼

내 삶
최고의 날은 언제나 오늘
오늘을 보내놓고 아쉬워 말고
오지 않는 내일을 겁낼 필요도 없으리라

오늘의 주인공은 나
나를 알고 소중히 할 때
나를 아름답게 꽃피여
여물어 가리라.

내일을 향해

삶은
상실의 아픔
그립다 말을 말어라

어찌 세 치 앞도 모르면서
옛날에 얽매여
살고 있는가

꿈이 있는 곳에
희망이 있고
희망이 있는 곳에 행복이 있다

주어진 삶에
시련, 실패 절망이 있어도
공든 탑이 무너지랴

신념을 갖고
삶의 정상을 향해
앞으로 앞으로

보다 큰 기쁨
행복을 위하여
오늘을 투자하여
내일의 기쁨 행복을 맛보소서.

고맙소

여보,
함께한 우리 인연
덜된 준비 힘은 들었지만
고생 속의 낙 행복이었지요

살기 바빠
고생만 시켜
정말 미안하오

얼마 되지 않는 인생
언제인가는
헤어지겠지만

그때까지
건강하게
오래오래 사소

짧아도
후회하지 않게
당신을 위해 살고 싶소

당신 없이
집이 큰들 무얼하며
돈이 많은들 무얼 하겠소

우리 사랑 건강해야 즐겁고
마음이 하나 편해야
사랑의 기쁨 행복도 찾아 들리라

부족해도
믿고 따라준 당신께
이글을 전하오

고맙소
사랑하오.

삶은

한평생
근심 걱정 없이 살 수 있다면
얼마나 좋을까?

때론
힘들고
어려울 때도 있으리라

기쁠 때나 슬픈 것도
모두가 마음 따라
나의 몫 나의 복이라면

힘은 들어도
포기하는 일 없이
내 인생 아름답게
지혜롭게 헤쳐 가리라

사랑

사랑했다 헤어지고
눈물짓는 게
사랑이라면
이제 우리는 갈색 꿈에서 깨어나
봄을 맞을 준비를 해야 하지 않을까?

인생
삶을 좀 더 윤택하게
살고 싶다면
집착, 욕심에서 벗어나
있는 그대로 아름답게
보고 느끼는 것은 어떠리

맑은 하늘
별이 반짝 반짝
티 없이 맑은
너의 미소
그리고
눈빛

하늘의
별도 갖고 싶고
너도 갖고 싶다

사랑하면
갖고 싶은 것도
많은가 봐

친구야
사랑해.

오늘도 아름답게

나는 사랑의 기쁨
이별의 슬픔까지도
느껴가며 살고 싶다

세상 모든 것을
사랑하고 배푸는 마음으로
곱고 아름답게 글로 옮겨 보고 싶다

사람 마음밭을
곱고 아름답게
가꾸어 가는 시를 쓰고 싶다

읽은 이 하나 없이
외면 당한다 해도
포기 하지 않으리라

언제인가는
한 사람에게
빠져드는 느낌, 감흥으로 생각될 때

나는
보람과 희열
행복으로 눈물 떨구고 웃겠지!

볼일도 가지가지

농장에 일을 하다가
급하면 아무 곳에나
한옆에 볼일을 보나
옛날처럼 시원치 않다

주인 따라 개도
뒷다리 하나를 들고
오줌을 눈다

이놈 좀 보소
지저분하게 스리
오줌 방울 튕기는 줄도 모르고
벽에 데고 오줌을 눈다

나 처럼
흘러 깔끔하게
마무리까지 아름답게
볼 일을 보면 얼마나 좋을까?

명품 지도견이
짝퉁 똥개처럼
놀아서야.

댓글 사랑

친구야
머하노
보고 싶다

보고 싶을 때
보지 못해도
병이 될 것 같은 오늘

그리워
생각나는 모습
보지 못하고
만질 수 없어도
느껴지는 그리움

주고 싶은 마음
받고 싶은 사랑
우린 영원한 친구
댓글 사랑

아기 밥 그릇

반쯤 보이는
식당 아줌마의
젖가슴

살기 바빠
정신없이 일하는
아름답고 곱게 느껴지기도 하지만

허리 숙여 반찬 하나 둘
내려놓을 때마다
수줍은 듯 방긋 미소를 짓는
아기 밥그릇

삶 인생 모두가
세월 속에 멈추어
쉴 수 없는 이방인

보여
본 것 뿐인데도
내가 왜 죄 지은 듯
가슴 뛰게 부끄러울까?

내 인생 덤

빈손으로 와서
빈손으로 간다는 인생
혼자는 외로워
갈비 하나를
덤으로 얻었으니

하늘의 축복
땅의 영광
친인척의 축복 속에
부부로 맺어진
인연

검은머리
파뿌리 되도록
기쁠때나 슬플때나
두 마음 하나같이
사랑으로 헤쳐온 행복

삶은 흐르는 물과 같이
슬픔도, 괴로움도
기쁨과 절망까지
내 삶 나의 업 나의 몫
소중히 간직하리라.

웃으며 살자

웃으면
복이 온대요

하하하
호호호
마음껏 웃어봐요

바보처럼
멍청하게
깔깔 껄껄

해가 바뀌어도
복 하나 못 받았으면
제복 제가 챙겨야지요

하하 호호
깔깔 껄껄

웃으며 복을 챙기고
웃으며 건강하게
살아 보자고요.

세월호

하늘도 울고
땅도 울고
까맣게 타들어가는
가슴도 울어

세월 속에
떠나가는
그대 봄은
진정 봄이 아닌가 합니다

무엇이 잘 못되어
연분홍 꽃망울
봉우리가 피지도 못하고
떨어진다 말입니까

안전불감증
빨리빨리 속에
답답한 가슴 부여잡고
피눈물을 흘립니다.

소와 나

날 새면
소 밥 주고
내 밥묵고

일하고
쉬고

먹고 싸고
먹고 또 싸고

소는 크는데
나는 아무리 먹어도
크기 않는다

이래서 우리 마누라가
소는 돈 댄다고
보약, 영양제 먹이면서

나는 돈도 안 되는데
엉뚱한 짓 할까봐
국물도 없나보다

나무 관세음보살~.

서 평

인연과 사랑의 길

인연과 사랑의 길

임종성 (시인. 문학평론가, 문학박사)

우리의 내부에는 두 가지의 소리가 있다. 하나는 마음에서 나오는 소리이고 다른 하나는 육체에서 나오는 소리이다. 마음의 소리는 양심과 연관된 소리이며, 육체의 소리는 정욕과 연관된 소리이다. 마음의 소리는 기원이나 의무를 찾는다. 그러나 육체의 소리는 욕망이나 쾌락을 찾는다.

마음의 소리는 생의 맑고 깨끗한 거울을 지향하고, 육체의 소리는 생의 강렬한 불꽃을 지향한다. 마음의 소리는 밝고 큰 길로 나아가기를 바라고 육체의 소리는 밀실로 들어가기를 바란다. 그러나 이러한 두 가지 소리는 서로 충돌되어 각기 다른 길로 나서지만 조화의 길을 찾아 나서는 경우가 없지 않다. 서정시에는 두 소리의 합일이 절묘하게 드러나 시의 미적 가치를 높여 주기도 한다.

세월은
사람을 기다리지 않아
한 세상 두 번 살 수 없듯이

지금 이 순간을 소중히
아끼고 사랑하며
고민하는 것도 좋으리라

도전하자
성공 전에 실패가 따를지라도
이별이 따를 지라도

성공 성패는 하늘에 맡기고
넘어지면
도전

칠전팔기
또 일어서면 되리라.
[그냥 그렇게] 전문

하늘에서 사람이 받는 가장 커다란 선물은 시간이다. 그러나 이러한 선물도 잘 간수하여 쓰지 않으면 사라지고 만다. 세월은 사람을 기다려 주지 않는다. 화자의 시간 의식은 투명하다. 〈지금 이 순간을 소중히/아끼고 사랑하며/ 고민하는 것도 좋으리라〉고 다짐하며 〈성패는 하늘에 맡기고//넘어지면/도전〉을 각오하고 있다. 이러한 시간 의식은 곧 생의 내면에 이어지는 인연이나 소망, 기대지평 등과 무관하지 않다.

인터넷에서
댓글로 만난
우리 인연

보지 못하는
그리움이래도
정주고 마음 주고

시도 때도 없이 생각하면
보고 싶고 그립습니다.
[인연] 부분

인연은 그리움과 보고픔에 연유되어 정과 마음을 주고받게 하는 만남의 근거가 된다. 그래서 〈시도 때도 없이/ 생각하면/ 보고 싶고 그립습니다〉고 화자 스스로에게 말 한다.

사람이 살아가면서
두 마음 하나 되어
믿음으로 느껴질 때
참 사랑 진실로 행복하리라

사랑하는 사람
그리운 사람아
떠날 때 슬프고

사랑할 때 괴로워도
주어진 길
인연 따라
언제나 최선
원 없이 살다가요

황혼에
저녁노을이
서럽게 느껴지걸랑
젊어 못 누린 행복
늙어 가는 아쉬움이라 생각하면서
[삶] 전문

인연의 바람직한 향방은 두 마음이 하나가 되어 〈믿음으로 느껴질 때/ 참 사랑/ 진실로/ 행복해〉지는 것에서 찾아진다. 그래서 〈사랑하는 사람/ 그리운 사람아/ 떠날 때 슬프고/사랑할 때 괴로워도〉 자기 앞의 생에 열린 길은 인연을 모으고 이어서 〈언제나 최선/ 원 없이 살다〉 가기를 바라는 것이다.

이러한 인연은 박목월의 "하직을 말자 하직을 말자/ 인연은 갈밭을 건너는 바람""이승 아니면 저승에서라도/ 인연은 갈밭을 건너는 바람" [이별가]에서 보이듯 인연은 한 줄기 보이지 않는 바람인 것이다.

지난 밤 꿈에
절 보고
아침에 까치 우로고 가니

노을에는
네 소식
네가 올 법도 하련마는

어찌하여 아직
소식
연락이 없는가

너무 빨리 오려고

급하게
허둥대지 마라

어여쁜 너의 모습
상할까
두렵구나.
[보고 싶은 우리 아기] 전문

아침 까치의 울음은 축복을 예비해 준다. 〈지난 밤 꿈에 /너 보고〉처럼 손자로 예상되는 탄생을 기다린다. 화자는 〈오늘에는/ 네 소식/ 네가 올도 하련마는/ 어찌하여/ 아직/ 소식/ 연락이 없는가〉라고 탄생의 소식이 늦어져 아쉽고 답답하기는 하지만 좋고 훌륭한 모습으로 와 주기를 바라고 있다.

가는 계절 가을은
왜 이렇게
빨리 갈까

왔으면 온 김에
좀 더 넉넉하게
머물러도 좋으련만

높은 하늘에 흰구름
산에 단풍잎
제철 맞아 곱기만 한 것 같이.
[가을] 부분

시간은 연속적 순환적 내성을 지니고 있다. 해가 바뀌어 봄인가 싶어 보면 어느새 가을을 불러와 잎이 진 아픈 자리에 열매를 익게 하는 것이다. 그래서 〈왔으면 온 김에/좀 넉넉하게/ 머물러도 좋으련만〉하는 원망이 생겨나게 된다.

그리고 사랑하리라
이 가슴 식는 날까지
나를 있게 한 이 세상

나를 보내준 운명, 인연까지

나와 함께 하는 모든 것
발에 채는 돌 하나까지

사랑하는 마음으로
아끼고 소중히 하며 쓰리라.
[초심] 부분

사랑은
오랜 기다림 끝에
맺어진 꽃이라면

행복은 자기 자신을
아끼고 사랑하는 것이요
날 찾는 널 위해 기도하는 마음이리라.
[사랑과 행복] 부분

화자의 인연 의식은 끝이 없다. 〈이 가슴 식는 날까지/ 나를 있게 한 이 세상/나를 보내준 운명, 인연까지〉를 사랑하겠다는 다짐은 자애롭고 의연하다. 이러한 사랑은 추상적, 관념적 사고의 대상이 아니다. 사랑이 깊으면 행복도 넘친다. 〈오랜 기다림 끝에/ 맺어진 꽃〉인 사랑은 곧 행복이란 말과 다르지 않다. 〈행복은 자기 자신을 /아끼고 사랑하는 것〉이며 〈널 위해 기도하는 마음〉에서 생겨난다.

살다 보면
잊은 듯 잊고 사는 사람이
참 많습니다

(중략)

산다는 것은
서로의 가슴에
사랑을 만들어 가는 것

산다는 것은

떠나간 빈 자리에
사랑을 채워 넣은 것.
[살다 보면] 부분

화자는 이 시의 행간에서 〈산다는 것은/ 서로의 가슴에/ 사랑을 만들어 가는 것〉이며, 또한 살아가는 것은 〈떠나간 빈 자리에/ 사랑을 채워 넣는 것〉이어서 생은 곧 사랑인 것이다.

가슴 뛰는 그리움은
당신이 나에게 준
첫 선물입니다

너무나 아름답고
고운 미소의 얼굴은
내 삶의 기쁨이고 행복입니다

당신을 위해서라면
언제나 따뜻한 사람
빛과 소금 사랑의
열매가 되고 싶습니다

내 인생 날 위해 하나 한 것 없지만
이젠 날 위해 살고자 합니다
놓치고 싶지 않은 당신을 위해
[선물] 전문

생은 선물이다. 사랑하는 대상인 연인이나 부모, 형제 자매, 친구가 다 하늘이 안겨 준 선물이다. 특히 연인 사이의 〈가슴 뛰는 그리움〉은 〈당신이 나에게 준〉 첫 선물이다.

선물이란 소중하게 받을 때 가치가 부가된다. 이 세상에 있는 것은 모두 선물이다. 우리를 기쁘고 즐겁게 하는 것은 물론 우리를 힘들게 하는 병이나 우수, 기다림, 그리움 같은 말들마저도 생의 의미를 찾게 해 주는 선물일 수 있다는 역설이다. 그래서 〈당신을 위해서라면/ 언제나 따뜻한 사랑/ 빛과 소금 사랑의 열매가 되고. 있는 것이다.

사랑은
서로 다른 두 사람이
서로 다른 방향으로
걸어가면서 손 잡고
행복을 일구어 내는 것

사랑은
그리움 끝에 맺어진 꽃으로
연습도 없이
언제나 시작으로
피고 진다

나이 새고
바쁠 때면
잊고 살다가
여유만 있으면
느껴지는 그리움
[사랑은] 전문

사랑은 감상이나 치기와는 거리가 멀리 있다. 그래서 〈서로 다른 두 사람이/ 서로 다른 방향으로/ 걸어가면서 손 잡고/ 행복을 일구어 내는 것〉이니 보다 구체적 의미를 내장하고 있다. 그런데 사랑의 대상은 사람만이 아니다. 정희성의 "너를 부르마/ 불러서 그리우면 사랑이라 하마/ 아무데 보이지 않아도 내 가장 가까운 곳/ 너와 함께 숨쉬는 공기여〉 [너를 부르마]에서처럼 보이지 않는 공기일 수도 있다.

생데쥐익페리는 [인간의 대지]에서 사랑한다는 것은 우리가 마주 보는 것이 아니라 함께 같은 방향을 바라보는 것이다. 저 나무들, 저/ 꽃들, 저 연인들, 저 미소들 우리에게 주어진 평범한 것들의 합주, 돈으로 살 수 없는 것들〉임을 밝히고 있다.

그대를 사랑합니다
쑥스럽지만
예쁜 짓만 골라하면서
그대를 사랑하려 합니다
나의 뜻 받아주고

허락만 하신다면
멀리서라도 바라볼 수 있다면
그대를 사랑하려 합니다

외로운 인생
그대와 함께라면
눈물이 마를 날이 없더라도
언제까지나 늘
그대를 사랑하려 합니다.
[허락만 하신다면] 전문

대체로 사랑이 가능해 질 수 있는 것은 〈나의 뜻 받아주고/ 허락〉하는 데서 시작된다. 〈나의 뜻 받아 주고/ 허락만 하신다면/ 멀리서도 바라볼 수 있다면/ 그대를 사랑하려 합니다〉에 근거하듯 상대방이 마음의 문을 열지 않으면 어려운 것이다. 화자는 살아가는 것을 〈누군가와 함께/ 사랑을 만들어/ 가꾸어 가는 것〉 [봄에는]이라고 말하듯 사랑을 빚어내는 것으로 생각하고 있다.

"세상에서 가장 높은 이름이 시인이며 평생 동안 이를 지키려고 애써 왔다"고 고은은 말한 바 있다. 이러한 시인에게는 남달리 살갗 하나가 더 있다. 바로 언어의 살갗이라는 것이다. 시인은 몸의 살갗보다 언어의 살갗을 통하여 세계와 만난다. 이러한 언어의 살갗은 맑고 깨끗하고 부드러워야 한다.

시인에게 있어 언어는 하늘에서 받은 값진 선물이다. 선물로 주어지는 궁극적 실재인 언어는 논리적 이성적, 직접적, 추상적 의미를 내장한 logos보다는 비논리적, 감각적, 암시적, 구체적 의미인 mythos를 내장하고 있다.

정경삼 시인의 세 번째 시집 [그냥 그렇게]에는 유독 사랑에 대한 행간이 집중적으로 눈에 들어와 있다. 시인은 사랑이라는 큰 자본을 보여준다. 이러한 사랑은 서양 어원인 amor이다. 즉 '죽음에 대한 항거'라는 의미를 지니고 있듯이 사랑은 살아 있음의 증거가 되며 인간답게 살고자 하는 몸부림을 의미한다.

가정, 연인에 대한 사랑은 물론 새로 태어나기를 바라는 손주에 대한 사랑, 자기 앞의 생에 대한 긍정에 따른 사랑의 진폭은 아주 깊고 넓다.

그냥 그렇게

정경삼 詩人 제3시집

인쇄일 | 2015년 3월 25일
발행일 | 2015년 3월 30일

지은이 | 정경삼
펴낸이 | 최경식
펴낸 곳 | 도서출판 청옥문학사
기획인쇄처 | 문화마을

등록번호 제10-11-05호
편집실 | 부산시 동래구 명륜로 203-6
(금강빌딩 B동 2층)
전　화 | 051-517-6068 / 팩스 051-529-6068
E-mail | kyu500@hanmail.net

ISBN 978-89-97805-30-3
값 | 10,000원